CUADERNO DE ESTUDIO

Ciencias de la Naturaleza

El cuaderno Ciencias de la Naturaleza 6, para sexto curso de Primaria, es una obra colectiva concebida, diseñada y creada en el Departamento de Ediciones Educativas de Santillana Educación, S. L., dirigido por **Teresa Grence Ruiz**.

En su elaboración ha participado el siguiente equipo:
Susana Lobo Fernández
Daniel Masciarelli García
Juan Ignacio Medina Crespo
Luis Requena Gijón
Juan San Isidro González-Escalada
Cristina Zarzuelo Puch

ILUSTRACIÓN
Alademosca il·lustració
Digitalartis

EDICIÓN
Mercedes Rodríguez-Piñero

EDICIÓN EJECUTIVA
Begoña Barroso Nombela

DIRECCIÓN DEL PROYECTO
Antonio Brandi Fernández

DIRECCIÓN Y COORDINACIÓN EDITORIAL
DE PRIMARIA
Maite López-Sáez

Índice

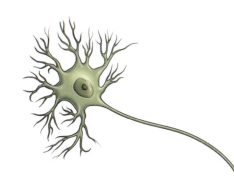

1. La nutrición I. Los aparatos digestivo y respiratorio 4
2. La nutrición II. Los aparatos circulatorio y excretor 12
3. La reproducción 20
4. La organización de los seres vivos 28
5. La clasificación de los seres vivos 34
6. Los hongos y otros reinos 40
7. La energía y los cambios de la materia 46
8. La electricidad y el magnetismo 54

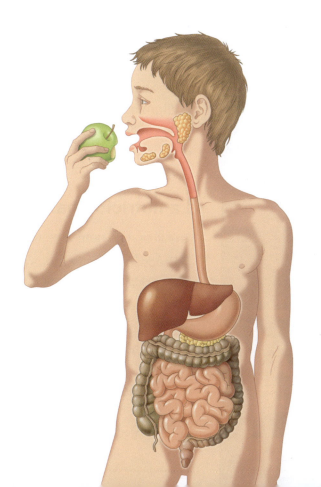

1 La nutrición I. Los aparatos digestivo y respiratorio

La función de nutrición

La nutrición es el conjunto de procesos con los que obtenemos: 1

- **Energía.** La usamos para realizar las actividades.
- **Materiales de construcción.** Los empleamos para crecer y renovar las partes de nuestro cuerpo, como la piel.

Obtenemos los materiales y la energía gracias a los **nutrientes** que contienen los alimentos.

Los nutrientes en el interior de las células se combinan con el oxígeno y producen energía y sustancias de desecho, como el dióxido de carbono. Es la llamada **respiración celular**.

Los nutrientes

Los nutrientes se pueden clasificar en varios grupos:

- **Hidratos de carbono.** Nos aportan energía de forma rápida.
- **Grasas o lípidos.** Son nutrientes que aportan mucha energía muy lentamente.
- **Proteínas.** Son necesarias para crecer y reparar nuestro cuerpo.
- **Vitaminas.** Son imprescindibles para los procesos de nuestro cuerpo.
- **Agua y sales minerales.** Son fundamentales para estar sanos y se encuentran en frutas y verduras.

La nutrición paso a paso

La función de nutrición engloba varios procesos:

- **Proceso digestivo.** Nos permite obtener nutrientes de los alimentos. Ocurre en el aparato digestivo.
- **Respiración.** Gracias al aparato respiratorio obtenemos oxígeno del aire y expulsamos CO_2.
- **Circulación.** El aparato circulatorio transporta los nutrientes y el oxígeno a todas las células del cuerpo.
- **Excreción.** El aparato excretor elimina a través de la orina las sustancias de desecho que produce nuestro organismo.

1 Esquema de la nutrición.

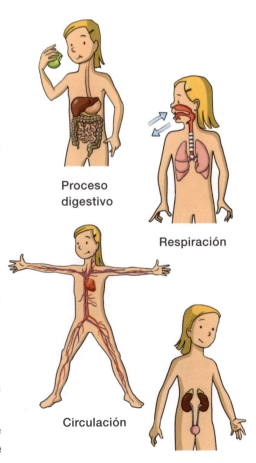

Proceso digestivo

Respiración

Circulación

Excreción

El proceso digestivo

El proceso digestivo se realiza en el aparato digestivo en tres fases: digestión, absorción y eliminación.

El aparato digestivo está compuesto por el **tubo digestivo** y **las glándulas anejas**. ②

La digestión

La digestión es el proceso por el cual se obtienen los nutrientes de los alimentos. Se realiza en varias etapas:

- Comienza en la **boca**. Los dientes trituran los alimentos y las glándulas salivales segregan la saliva. La lengua mezcla los alimentos masticados con la saliva formando el **bolo alimenticio**, que es empujado hacia la faringe, baja por el esófago y finalmente llega al estómago.

- Continúa en el **estómago**. En las paredes del estómago se segregan los jugos gástricos y se producen unos movimientos que permiten que los jugos se mezclen con los alimentos. Así se forma el **quimo**, que es una papilla con los alimentos parcialmente digeridos.

- Termina en el **intestino delgado**. Se mezcla el quimo con el jugo intestinal y con los jugos que vierten dos glándulas:

    – El páncreas, que vierte **jugo pancreático**.

    – El hígado, que vierte la **bilis**.

Con ellos se forma el **quilo**, que contiene los nutrientes y los restos de alimento que no se pueden digerir.

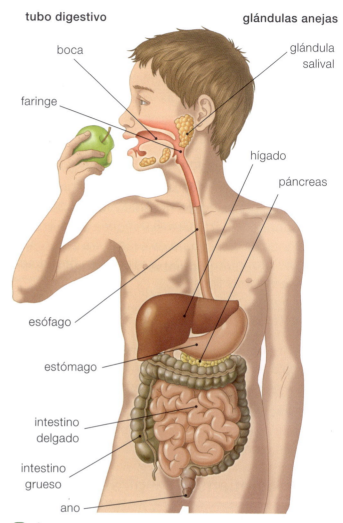

② Órganos del aparato digestivo.

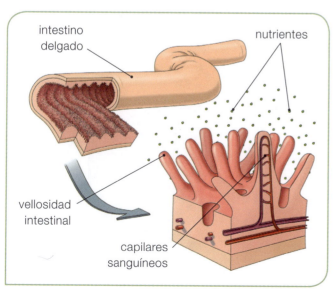

③ Esquema de la absorción en el intestino delgado.

La absorción

La absorción es el paso de los nutrientes del intestino delgado a la sangre. El interior del intestino delgado es muy rugoso y está lleno de repliegues con unas prolongaciones llamadas **vellosidades intestinales**.

La absorción se produce cuando los nutrientes pasan del interior del intestino delgado a los capilares sanguíneos que hay en el interior de las vellosidades intestinales. A través de la sangre los nutrientes llegarán a todas las células del cuerpo. ③

La eliminación de los desechos

Los desechos son restos de alimento que el cuerpo no puede utilizar. Estos pasan al **intestino grueso** y forman las heces, que se expulsan por el ano.

La respiración

La respiración es el proceso por el cual se obtiene el **oxígeno** del aire, necesario para que las células obtengan la energía.

La respiración la realiza el aparato respiratorio, formado por las **vías respiratorias** y los **pulmones**. [1]

Las vías respiratorias

Las vías respiratorias son los conductos por los cuales el aire entra y sale de nuestro cuerpo.

El aire entra por las **fosas nasales** y recorre la **faringe**, la **laringe** y la **tráquea**. La tráquea se divide en dos bronquios y cada uno de ellos entra en un pulmón. Los **bronquios** se van dividiendo en **bronquiolos** cada vez más finos.

Los pulmones

Los **pulmones** se encuentran en el tórax protegidos por la **caja torácica**, que está formada por varios huesos: el esternón, las costillas y parte de la columna.

Los pulmones están llenos de bronquiolos en cuyos extremos se encuentran los **alveolos pulmonares**, donde se produce la absorción del oxígeno.

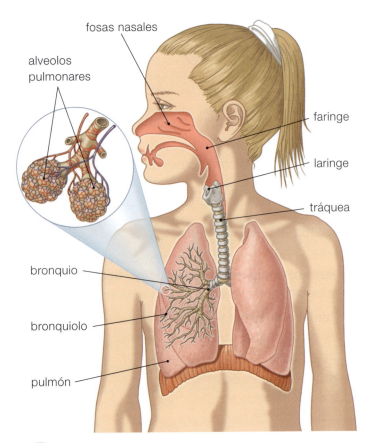

[1] El aparato respiratorio.

Los movimientos respiratorios

El aire entra y sale de los pulmones gracias a los **movimientos respiratorios**.

- Durante la **inspiración**, la caja torácica y los pulmones se expanden. El aire entra en los pulmones.
- Durante la **espiración**, la caja torácica y los pulmones se contraen; esto hace que el aire salga.

Los músculos que producen estos movimientos son el **diafragma**, los **intercostales** y los **abdominales**.

El intercambio de gases

En los alveolos pulmonares se produce un intercambio de gases: [2]

- El **oxígeno** del aire pasa de los alveolos a la sangre.
- El **dióxido de carbono** que hay en la sangre pasa al interior del alveolo y se expulsa al espirar.

Como resultado de este intercambio, la sangre que pasa por los pulmones se carga de oxígeno y queda libre de dióxido de carbono.

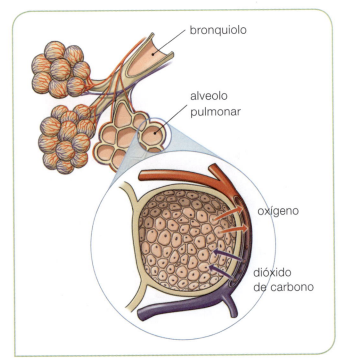

[2] El intercambio gaseoso.

La salud de los aparatos digestivo y respiratorio

La dieta sana

Para cuidar nuestro cuerpo es muy importante tener una alimentación saludable. Al conjunto de alimentos que habitualmente come una persona se le llama **dieta**.

Una dieta saludable debe ser **equilibrada**, es decir, aportar la cantidad necesaria de cada nutriente.

Algunos consejos para conseguir una dieta equilibrada son:

- **Desayunar bien.** El desayuno es muy importante, pues nos da la energía que necesitamos para empezar bien el día.
- **Comer alimentos variados.** Hay que comer frutas y verduras todos los días y reducir el consumo de carne.
- **Repartir los alimentos a lo largo del día.** Se recomienda tomar alimentos cinco veces al día.
- **Tomar alimentos ricos en fibra.** La fibra favorece el desplazamiento de los alimentos por el tubo digestivo.

- **Evitar el exceso de grasas y de alimentos que contengan mucha azúcar**, porque favorecen que aparezcan enfermedades como la diabetes.

La importancia de respirar aire limpio

Cuando respiramos un aire cargado de **sustancias nocivas**, estas pasan a nuestra sangre, perjudicando nuestra salud.

El aire suele estar más contaminado en las ciudades que en el campo. Por eso, si vivimos en una ciudad, es importante pasear por la naturaleza para respirar aire limpio.

También es importante **ventilar** los espacios cerrados para renovar el aire.

Los efectos del tabaco

El humo del tabaco contiene sustancias tóxicas, perjudiciales para nuestro organismo, que provocan enfermedades.

Los cigarrillos contienen diversas **sustancias perjudiciales**:

- La **nicotina** es una sustancia que provoca **dependencia**.
- El **alquitrán** es un componente del tabaco que contribuye al desarrollo de graves enfermedades, como el cáncer de pulmón.
- El **monóxido de carbono** es un gas tóxico que provoca que la sangre no pueda transportar la misma cantidad de oxígeno.

Con el tiempo, el tabaco destruye los alveolos pulmonares y disminuye la capacidad respiratoria. Lo más inteligente es no empezar a fumar. ③

③ Cartel para combatir el consumo de tabaco.

ACTIVIDADES DE REPASO

1 Elabora un esquema de la respiración celular. Para ello, completa el dibujo
de la célula con las siguientes palabras:

- nutrientes
- energía
- dióxido de carbono
- oxígeno
- sustancias de desecho

2 Haz un listado con los aparatos que intervienen en la nutrición y los procesos
que ocurren en cada uno de ellos.

- ....
- ....
- ....
- ....

3 Completa la siguiente tabla:

NUTRIENTES	FUNCIÓN	ALIMENTOS
Hidratos de carbono	....	....
Grasas	....	....
Proteínas	....	....
Vitaminas	....	....
Agua y sales minerales	....	....

4 Contesta las siguientes preguntas:

- ¿Qué líquidos se forman en las glándulas salivales, el estómago y el hígado?

....

- ¿Dónde se vierten esos líquidos digestivos?

....

5 ¿Es correcto decir que las heces son restos de alimentos? Justifica tu respuesta.

....

....

6 Escribe los nombres de los órganos del aparato digestivo.

7 Escribe las oraciones que se forman al unir las tres columnas:

| Durante la espiración… | … los pulmones disminuyen su volumen… | … y el aire entra en ellos. |
| Durante la inspiración… | … los pulmones aumentan su volumen… | … y el aire sale de ellos. |

....

....

....

8 Contesta estas preguntas:

- ¿Qué son los alveolos pulmonares?

....

- ¿Cómo llega a ellos el aire?

....

- ¿Qué proceso ocurre en ellos?

....

ACTIVIDADES DE REPASO

9 Escribe los nombres de los órganos del aparato respiratorio.

10 Define los siguientes términos:

inspiración ▶ ....

espiración ▶ ....

intercambio de gases ▶ ....

11 Explica qué diferencias hay entre el aire que entra en los pulmones y el que sale de ellos.

....

....

12 Contesta a las preguntas:

■ ¿Qué es la respiración celular y para qué sirve?

....

■ ¿En qué se diferencian la respiración celular y la respiración?

....

13 Cuando hacemos ejercicio, respiramos más rápidamente que cuando estamos en reposo.

■ ¿Por qué crees que ocurre esto?

....

....

■ ¿Qué ocurriría si no pasara así?

....

....

14 ¿Por qué es importante el desayuno?

....

....

15 Haz una lista con las sustancias que contiene el tabaco y los problemas que ocasiona cada una.

....

....

....

....

....

16 Explica por qué es bueno tomar alimentos con fibra.

....

....

17 ¿Por qué debemos evitar tomar en exceso alimentos con grasa o que contengan mucha azúcar?

....

....

18 Imagina que eres la persona responsable del comedor del colegio.

- ¿Qué recomendaciones tendrías que seguir para dar a los chicos del colegio una dieta equilibrada y sana?

....

....

....

....

....

19 A Marta le apetece probar el tabaco. Piensa que no tendrá muchos problemas para dejarlo.

- ¿Crees que realmente podrá dejarlo?

....

- ¿Qué le aconsejarías?

....

2 La nutrición II. Los aparatos circulatorio y excretor

El aparato circulatorio

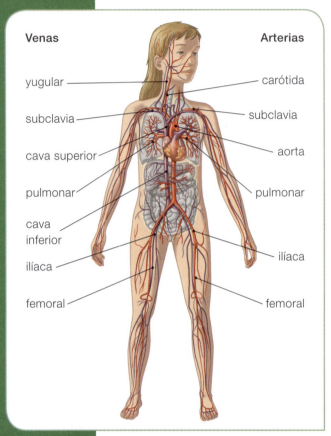

[1] Principales vasos sanguíneos.

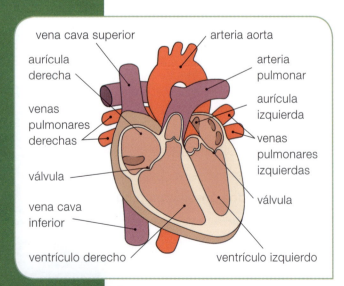

[2] Esquema del corazón. En él se observan los vasos sanguíneos y las cavidades del corazón.

El aparato circulatorio se engarga del transporte de nutrientes, oxígeno y sustancias de desecho por todo el cuerpo. Está formado por la sangre, los vasos sanguíneos y el corazón.

La sangre

La sangre llega a todas las células de nuestro cuerpo. Está compuesta por:

- **El plasma.** Es un líquido compuesto en su mayor parte por **agua**. Transporta **nutrientes**, **sustancias de desecho** y otras sustancias, como gases.
- **Las células.** Pueden ser de tres tipos:
  - **Glóbulos rojos.** Dan el color rojo a la sangre. Su función consiste en transportar oxígeno.
  - **Glóbulos blancos.** Son los encargados de defender nuestro cuerpo contra las infecciones.
  - **Plaquetas.** Son fragmentos de células que ayudan a cerrar las heridas.

Los vasos sanguíneos

Los **vasos sanguíneos** son los conductos por los que circula la sangre. Hay tres tipos: [1]

- **Las arterias.** Conducen la sangre desde el corazón a los órganos.
- **Las venas.** Llevan la sangre desde los órganos hasta el corazón.
- **Los capilares.** Conducen la sangre por el interior de los órganos.

El corazón

El corazón es un órgano musculoso. Está dividido en dos mitades con dos cámaras cada una: una **aurícula**, a la que llegan las venas, y un ventrículo, del que parten las arterias.

Cada aurícula se comunica con el **ventrículo** de su lado a través de una **válvula** que permite que la sangre circule hasta el ventrículo y no al contrario. [2]

La circulación de la sangre

El conjunto de vasos sanguíneos forma un circuito cerrado por el que circula la sangre, bombeada por el corazón gracias a un movimiento de contracción, llamado **sístole**, y uno de relajación, **diástole**.

La circulación es el recorrido que hace la sangre por el cuerpo. Comprende la **circulación pulmonar** y la **circulación general**.

La circulación pulmonar

La circulación pulmonar es el circuito que sigue la sangre entre el corazón y los pulmones durante el cual se produce un intercambio de gases en los pulmones. 3

3 Funcionamiento de la circulación pulmonar.

1. La sangre cargada con el dióxido de carbono de las células llega a la aurícula derecha.

2. De la aurícula derecha la sangre pasa al ventrículo derecho y sale por las arterias hacia los pulmones.

3. En los alvéolos pulmonares se da el intercambio de gases: la sangre cede el dióxido de carbono y se carga de oxígeno.

4. La sangre cargada de oxígeno llega por las venas a la aurícula izquierda. Y pasa al ventrículo izquierdo.

La circulación general

La circulación general es el recorrido que realiza la sangre por todo el cuerpo, excepto por los pulmones, durante el cual lleva oxígeno a todas las células y recoge el dióxido de carbono que se forma en ellas. 4

4 Funcionamiento de la circulación general.

4. Las venas recogen la sangre y la llevan al corazón. Las venas cavas desembocan en la aurícula derecha.

1. El ventrículo izquierdo se contrae e impulsa la sangre cargada de oxígeno fuera del corazón a través de la arteria aorta.

3. En los capilares la sangre cede el oxígeno y los nutrientes y recoge el dióxido de carbono y las sustancias de desecho.

2. Desde la arteria aorta la sangre se reparte por vasos cada vez más finos y, finalmente, llega a los capilares de todos los órganos.

La excreción

Las **sustancias de desecho** que se producen en nuestras células son tóxicas, por lo que es necesario expulsarlas.

La función de excreción consiste en la eliminación de las sustancias de desecho de la sangre.

La excreción se lleva a cabo en el **aparato excretor**, en las **glándulas sudoríparas** y en los **pulmones**.

El aparato excretor

El aparato excretor está formado por: [1]

- **Los riñones.** Se encuentran situados en la parte posterior del abdomen. En ellos se forma la orina.
- **Los uréteres.** Son dos conductos que transportan la orina desde los riñones hasta la vejiga de la orina.
- **La vejiga de la orina.** El órgano donde se acumula la orina antes de ser expulsada. Sus paredes son elásticas, puede estirarse o contraerse según la cantidad de orina.
- **La uretra.** Un tubo que comunica la vejiga de la orina con el exterior del cuerpo.

El funcionamiento del aparato excretor

Toda la sangre que circula por nuestro cuerpo pasa por los riñones, que funcionan como si fueran dos coladores: filtran la sangre y retienen las sustancias de desecho, con las cuales se forma la orina.

La orina se produce continuamente y se acumula en la vejiga hasta ser expulsada por la uretra. Más del 95 % de la orina es agua. Esto significa que con la orina se elimina también parte del agua que tenemos en el cuerpo y la tenemos que reponer.

Las glándulas sudoríparas

Las **glándulas sudoríparas** forman el **sudor**, un líquido formado principalmente por agua, con una pequeña parte de sales y de sustancias de desecho. Al eliminar el sudor, se expulsan también las sustancias de desecho que lleva.

Las glándulas sudoríparas están repartidas por toda la piel. Cada glándula consiste en un largo tubo que se enrolla y se comunica con el exterior a través de un poro por el que sale el sudor. [2]

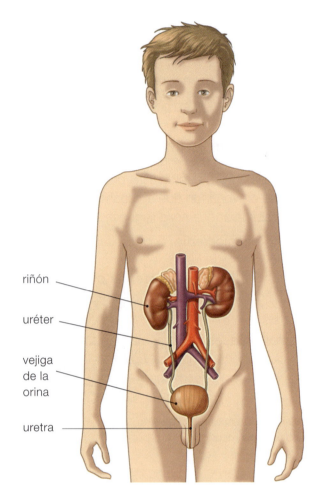

[1] El aparato excretor.

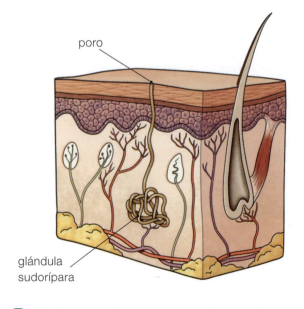

[2] Glándula sudorípara. Las glándulas sudoríparas se encuentran en la parte profunda de la piel.

La salud de los aparatos circulatorio y excretor

Enfermedades del aparato circulatorio

Las enfermedades del aparato circulatorio son frecuentes y causan millones de muertes cada año. Algunas de ellas son:

- **La arteriosclerosis**, que consiste en el endurecimiento de las arterias. Se produce por un estrechamiento de la arteria, debido a las grasas, que puede taponarse provocando que al órgano con el que se comunicaba la arteria no le llegue la sangre. [3]

- **El infarto de miocardio**, ocurre cuando una parte del corazón se queda sin riego sanguíneo. Se produce cuando una de las **arterias coronarias** se tapona a causa de la arteriosclerosis, provocando un infarto.

Estas enfermedades se presentan en adultos, pero su aparición depende de los hábitos adquiridos durante la niñez y la adolescencia.

Algunos hábitos ayudarán a mantener la salud del aparato circulatorio: la dieta saludable, el ejercicio y no consumir alcohol ni tabaco.

La dieta saludable

Para cuidar de nuestro aparato circulatorio debemos:

- No tomar demasiados hidratos de carbono y grasas, pues producen obesidad.
- Evitar las grasas de origen animal y consumir otras más saludables, como el aceite de oliva o el pescado azul. [4]
- Evitar tomar demasiada sal.

La salud del aparato excretor

Hay dos hábitos básicos para mantener la salud del aparato excretor:

- **Beber suficiente agua.** Continuamente perdemos agua a través de la orina, el sudor, la respiración y la evaporación a través de la piel. Por eso debemos beber al menos un litro y medio de agua al día. Así, los riñones funcionarán mejor.
- **Mantener la piel limpia.** En la piel están las glándulas sudoríparas. Hemos de cuidar la higiene de la piel para eliminar los restos del sudor y mantener limpios los poros.

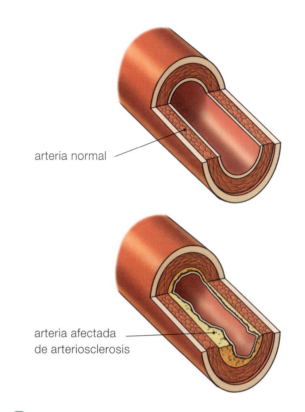

[3] Esquema de dos arterias, una de ellas normal y la otra afectada de arteriosclerosis.

[4] **Los pescados azules tienen mayor proporción de grasa que los blancos.** Esta grasa es saludable para el aparato circulatorio cuando se consume con moderación. Algunos ejemplos de pescado azul son el atún, el bonito, las sardinas, los boquerones y el salmón.

ACTIVIDADES DE REPASO

1 Contesta las siguientes preguntas:

- ¿Qué células de la sangre están relacionadas con la nutrición?

....

- ¿Cuáles tienen otras funciones?

....

- ¿En qué consisten?

....

....

2 ¿A qué vasos sanguíneos se refiere cada oración?

Conducen la sangre por el interior de los órganos. ▶ ....

Llevan la sangre desde el corazón hacia los órganos del cuerpo. ▶ ....

Devuelven la sangre desde los órganos del cuerpo al corazón. ▶ ....

3 Rotula el dibujo del corazón.

2

4 Define los siguientes elementos de la sangre.

plasma ▶ ....

....

glóbulos rojos ▶ ....

....

glóbulos blancos ▶ ....

....

plaquetas ▶ ....

....

5 Explica qué función realiza cada uno de los siguientes vasos sanguíneos:

■ Las arterias conducen… ....

....

■ Las venas llevan… ....

....

■ Los capilares conducen… ....

....

6 Escribe el nombre de los órganos del aparato excretor.

7 Explica qué ocurre con cada latido del corazón. ¿Puede ir la sangre desde un ventrículo a una aurícula? ¿Por qué?

....

....

....

ACTIVIDADES DE REPASO

8 Completa las siguientes frases para explicar el funcionamiento del aparato excretor:

- Toda la sangre de nuestro cuerpo pasa por… ....
- Los riñones funcionan como dos coladores… ....
- La orina se forma con… ....
- La orina pasa por… ....
- Tenemos que reponer agua para nuestro cuerpo porque… ....

  ....

9 Di si la siguiente frase es verdadera o falsa y explica por qué.

- El aparato digestivo interviene en la función de excreción al eliminar los desechos a través de las heces.

  ....

  ....

10 Explica la función que realizan los riñones. ¿Podemos vivir sin ellos?
Razona tu respuesta.

....

....

....

....

11 Escribe definiciones para los siguientes términos:

uréter ▶ ....

glándula sudorípara ▶ ....

orina ▶ ....

sudor ▶ ....

12 Responde a las siguientes preguntas:

- ¿Qué es el sudor?

  ....

  ....

- ¿Por qué las glándulas sudoríparas intervienen en la función de excreción?

  ....

13 ¿Qué dos funciones cumple el sudor en nuestro cuerpo? Explícalas.

....

....

....

14 Explica qué tiene que ver la arteriosclerosis con el infarto de miocardio.

....

....

15 Contesta las preguntas:

- ¿Por qué participan los pulmones en la excreción?

....

....

- ¿De qué forma participan las glándulas sudoríparas en la excreción?

....

....

16 Explica en qué consiste:

Circulación de la sangre ▶ ....

....

Circulación pulmonar ▶ ....

....

Circulación general ▶ ....

....

Latido cardiaco ▶ ....

....

Infarto de miocardio ▶ ....

....

Diálisis ▶ ....

....

Trasplante de riñón ▶ ....

....

3 La reproducción

Los caracteres sexuales y el aparato reproductor

Los caracteres sexuales

Las diferencias corporales que hay entre las mujeres y los hombres son los caracteres sexuales. Estos son:

- **Caracteres sexuales primarios.** Son los órganos de los aparatos reproductores.
- **Caracteres sexuales secundarios.** Son las características que diferencian a las mujeres de los hombres y que no son los órganos reproductores. [1]

La pubertad

La pubertad es el periodo de tiempo durante el cual maduran los órganos del aparato reproductor y se desarrollan los caracteres sexuales secundarios.

En las niñas crecen las mamas y aparece vello en pubis y axilas. En los niños aparece vello en la cara.

[1] Caracteres sexuales secundarios en la mujer y en el hombre.

El aparato reproductor femenino

El aparato reproductor de la mujer está formado por: [2]

- **Ovarios.** Son los encargados de producir los **óvulos** que son las células sexuales femeninas.
- **Trompas de Falopio.** Unen los ovarios con el útero.
- **Útero.** En él se desarrolla el bebé en el embarazo.
- **Vagina.** Comunica el útero con el exterior.
- **Vulva.** Es la parte externa del aparato reproductor.

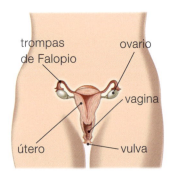

[2] Principales órganos del aparato reproductor femenino.

El aparato reproductor masculino

El aparato reproductor del hombre está formado por: [3]

- **Testículos.** Forman los **espermatozoides**.
- **Conductos deferentes.** Conducen los espermatozoides de los testículos a la uretra.
- **Uretra.** Lleva los espermatozoides al exterior.
- **Próstata.** Es una glándula. Fabrica el líquido que sirve de alimento a los espermatozoides.
- **Pene.** En su extremo desemboca la uretra.

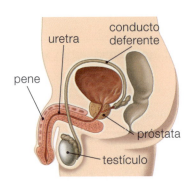

[3] Principales órganos del aparato reproductor masculino.

Las células sexuales y la fecundación

Las células sexuales femeninas

Las células sexuales femeninas son los **óvulos**.

Una niña, al nacer, ya tiene todos los óvulos en sus **ovarios**, pero aún están inmaduros. En la pubertad, comienzan a madurar los óvulos. Cada 28 días madura uno de ellos y, si no hay fecundación, el óvulo maduro sale al exterior junto con una pequeña cantidad de sangre. Es la **menstruación**.

En torno a los cincuenta años, las mujeres dejan de producir óvulos maduros y, por tanto, dejan de tener menstruaciones. Es la **menopausia**.

Las células sexuales masculinas

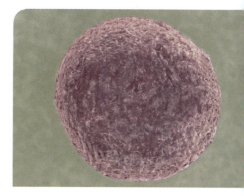

4 El óvulo es la célula sexual femenina.

Las células sexuales masculinas son los **espermatozoides**.

Los espermatozoides se producen continuamente en los **testículos** desde la pubertad. Salen al exterior por el pene junto con un líquido formando el **semen**, que sirve como medio de transporte y fuente de alimento.

La fecundación

La reproducción solo puede realizarse cuando los órganos sexuales están completamente desarrollados.

La formación de un bebé se produce cuando se unen un espermatozoide y un óvulo. Esta unión se llama **fecundación**.

5 El espermatozoide es la célula sexual masculina.

Para que se produzca la fecundación, es necesario que los espermatozoides lleguen a la vagina de la mujer. Esto sucede durante la **cópula**. A continuación, los espermatozoides nadan hasta las trompas de Falopio y, si se encuentran con un óvulo, se produce la fecundación.

Cuando se produce la fecundación, se forma la primera célula del nuevo ser, el **cigoto**. El cigoto se divide continuamente en más células. Este proceso continúa hasta que el cigoto se transforma en una pequeña esfera de numerosas células, el **embrión**.

El embrión recorre las trompas de Falopio y llega al útero, donde continúa creciendo hasta convertirse en un bebé.

6 El proceso de la fecundación.

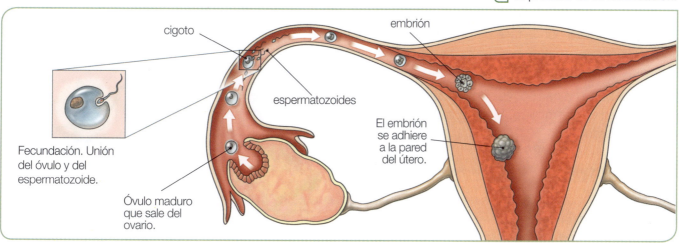

El embarazo, el parto y la lactancia

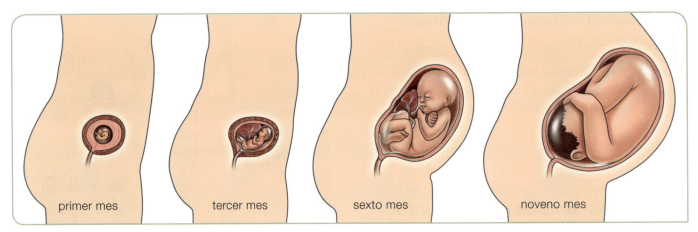

primer mes · tercer mes · sexto mes · noveno mes

[1] Cambios que experimentan la madre y el futuro bebé a lo largo del desarrollo.

El embarazo

Desde que el embrión se adhiere a la pared del útero hasta el nacimiento del bebé pasan nueve meses. Es el **embarazo**. [1]

Durante el embarazo se producen cambios en el bebé que se está formando y también en la mujer: cesan las menstruaciones, las mamas crecen…

El desarrollo del embrión y el feto

El embrión se pega a la pared del útero envuelto por una bolsa llena de líquido, llamado **líquido amniótico**. Además, en el útero se forma un órgano llamado **placenta**. La placenta y el embrión se unen por el **cordón umbilical**, por el cual pasan los alimentos. [2]

A los tres meses el **embrión** recibe el nombre de **feto**. En él ya se pueden distinguir todas sus partes y sus órganos ya se han formado, pero no completamente. El feto sigue creciendo hasta los nueve meses, cuando estará preparado para nacer.

El parto

En el parto el bebé sale al exterior a través de la vagina de su madre. Una señal del inicio del parto es la ruptura de la bolsa con el líquido amniótico. A esto se le llama **romper aguas**.

El parto comienza con la fase de **dilatación**. En ella, el cuello del útero se abre y el útero se contrae para empujar al bebé. A continuación se produce la fase de **expulsión**. [3]

Cuando el bebé ha nacido, se corta el cordón umbilical. La señal que queda de esa unión es el **ombligo**. El parto finaliza cuando se expulsa la placenta. Es el **alumbramiento**.

La lactancia

Los primeros meses de vida, los bebés se alimentan solamente de la leche materna producida en las mamas, la cual contiene todo el alimento que el bebé necesita y fortalece las defensas.

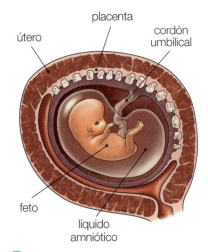

[2] Embrión de dos meses en el útero. El corazón ya late y se comienzan a formar órganos como los ojos, la nariz y los labios.

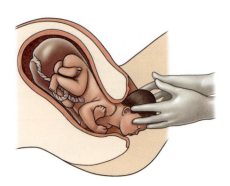

[3] Fase de expulsión del parto.

La reproducción y la salud

La experiencia de la pubertad y la adolescencia

A partir de la pubertad se producen muchos cambios. Algunos de los cambios se pueden ver externamente. Sin embargo, otros cambios no se ven, porque son mentales y se relacionan con los afectos, los sentimientos y la forma en que se viven las relaciones con los demás. [4]

Es importante comprender que estos cambios son normales y forman parte del proceso de crecimiento. Este proceso es distinto en las niñas y en los niños. Y también es distinto en cada persona.

Cada persona tiene su propio ritmo de cambio. Por eso es importante aceptar los cambios y evitar compararse con los demás.

Salud e higiene de los órganos sexuales

Como cualquier otra parte de nuestro cuerpo, los órganos sexuales deben estar limpios.

En la ducha diaria nos debemos lavar bien los órganos sexuales externos. Además, las mujeres deben cuidar especialmente su higiene durante la menstruación.

Se debe cuidar la higiene de los aparatos reproductores y acudir al médico si es necesario. Ante cualquier molestia, dolor o irritación debe consultarse con un médico, quien dará un diagnóstico y, si es necesario, indicará un tratamiento.

Los médicos encargados de la salud de los órganos sexuales son los **ginecólogos**, en el caso del aparato reproductor femenino, y los **urólogos**, en el caso del masculino.

La importancia de la prevención

Cada vez adquiere más importancia la **medicina preventiva**, es decir, aquella que está orientada a evitar la enfermedad en su inicio e, incluso, antes de que se presente.

Las **revisiones periódicas** ayudan a prevenir algunas enfermedades o a detectarlas rápidamente, antes de que se produzcan síntomas. De este modo, su curación es más fácil. [5]

Un tipo de cáncer que afecta específicamente a las mujeres es el cáncer de mama. Una medida de prevención es la **mamografía**. Es como una radiografía de las mamas y ayuda a detectar este cáncer en etapas tempranas.

Los hombres mayores pueden sufrir cáncer de próstata. También existen pruebas para ayudar a detectar este cáncer.

[4] Durante la adolescencia, adquieren mucha importancia las relaciones dentro del grupo de amigos.

[5] Cartel para promover las revisiones periódicas en el ginecólogo.

ACTIVIDADES DE REPASO

1 Indica qué tipo de caracteres sexuales, primarios o secundarios, son los siguientes:

■ Nos permiten saber si un recién nacido es niño o niña.

....

■ Nos permiten saber si la persona que nos atiende en un comercio es hombre o mujer.

....

2 Escribe los nombres de las partes de los órganos reproductores.

3 Explica qué es la pubertad e indica qué cambios se producen en esta etapa.

....

....

4 Di si los siguientes órganos pertenecen al aparato reproductor femenino o al masculino y escribe alguna característica de cada uno.

útero ▶ ....

....

vagina ▶ ....

....

próstata ▶ ....

....

vulva ▶ ....

....

uretra ▶ ....

....

trompas de Falopio ▶ ....

....

24

3

5 ¿Qué quiere decir que los óvulos y los espermatozoides son células sexuales?

....

....

6 Completa el cuadro con las características de las células sexuales.

	Óvulo	Espermatozoide
Órgano	....	....
Tamaño	....	....
Movilidad	....	....
Producción	....	....

7 Escribe un texto breve en el que aparezca la respuesta a las siguientes preguntas:

¿Qué es la fecundación?   ¿Dónde ocurre?   ¿Qué se produce?

¿Por qué es tan importante en el proceso de la reproducción?

....

....

....

....

8 Explica qué aparece en cada una de las fotografías.

A ▶ ....

....

B ▶ ....

....

C ▶ ....

....

ACTIVIDADES DE REPASO

9 En algunos lugares las madres piensan que alimentar a sus bebés con biberón es mejor porque es más «moderno».

- ¿Qué les dirías a esas madres?

....

....

....

....

10 Escribe los recorridos que siguen los óvulos y los espermatozoides desde que se producen hasta que salen al exterior cuando no hay fecundación.

....

....

....

11 Responde las preguntas.

- ¿Qué es el embarazo?

....

....

- ¿Cómo sabe la mujer que está embarazada?

....

- ¿Por qué crecen la barriga y las mamas durante el embarazo?

....

....

12 ¿Son lo mismo el embrión y el feto? Explícalo.

....

....

....

13 ¿Qué tipos de cambios se producen durante la pubertad y la adolescencia?

....

....

....

3

14 Completa las oraciones correctamente y escríbelas.

- Durante el embarazo el feto...

  ... recibe alimentos por el cordón umbilical.

  ... crece fuera del útero.

  ... tiene siempre el mismo tamaño.

  ....

- El parto termina cuando...

  ... el bebé sale del útero.

  ... se corta el cordón umbilical.

  … se expulsa la placenta.

  ....

15 Las siguientes oraciones son incorrectas. Escríbelas corregidas.

- Las células sexuales son los óvulos.

  ....

- Los hombres y las mujeres producen sus células sexuales cada 28 días aproximadamente.

  ....

- Los óvulos y los espermatozoides se dejan de producir hacia los 50 años.

  ....

- La fecundación es la unión de dos óvulos o dos espermatozoides.

  ....

- La fecundación ocurre en cualquier lugar del aparato reproductor.

  ....

16 Escribe el nombre de todas
las partes que están indicadas.

27

4 La organización de los seres vivos

La célula

Además de realizar las tres funciones vitales, los seres vivos tienen en común que están formados por una gran cantidad de partes microscópicas llamadas **células**.

Las células son las unidades más pequeñas que están vivas y realizan las tres funciones vitales.

Los seres vivos compuestos por muchas células se llaman **pluricelulares**. También hay seres vivos formados por una sola célula. Son los **unicelulares**.

Cómo son las células

Las células son muy pequeñas, pero tienen distintos tamaños. Por ejemplo, las neuronas son bastante mayores que los glóbulos rojos.

Además, los distintos tipos de células tienen formas diferentes: esférica, estrellada, plana... [1]

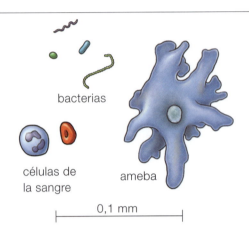

[1] Algunos tipos de células. Cada tipo de célula tiene su propia forma y tamaño.

Las partes de las células

Las células están formadas por:

- La **membrana**. Una cubierta que rodea la célula.
- El **citoplasma**. Formado por agua y sustancias disueltas. Constituye la mayor parte de la célula.
- El **núcleo**. Controla el funcionamiento de la célula.
- Los **orgánulos** están en el citoplasma. Hay orgánulos de varios tipos y cada uno realiza una función diferente.

Células animales y vegetales

Las células de los animales y las de las plantas presentan varias diferencias. [2]

Las células vegetales poseen una **pared** rígida por fuera de la membrana. Por eso, los tallos de algunas plantas son duros. Además poseen **cloroplastos**, unos orgánulos de color verde en los que se realiza la **fotosíntesis**.

La **forma** y el **tamaño** son diferentes. En general, las células vegetales suelen ser más grandes y regulares, mientras que las animales tienen formas variadas.

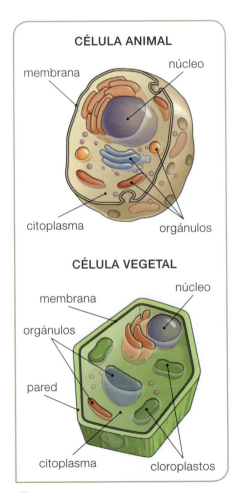

[2] Dibujo de una célula animal y de una célula vegetal.

Los niveles de organización

Los seres pluricelulares están formados por muchísimas células. Esas células no se colocan de cualquier forma, sino que están organizadas en varios niveles. ③

Los tejidos

En los seres pluricelulares, las células que son del mismo tipo se agrupan en tejidos.

En los animales podemos encontrar, por ejemplo, el tejido óseo que forma parte de los huesos. Y en las plantas, por ejemplo, el tejido que forma las patatas.

Las células de un tejido realizan una función común; por ejemplo, las células del tejido muscular producen movimiento.

Los órganos

La unión de varios tejidos que se organizan para funcionar conjuntamente da lugar a un órgano.

Por ejemplo, la lengua es un órgano que está formado por varios tejidos: el tejido muscular; el tejido epitelial, que forma la piel que lo recubre; el tejido nervioso, compuesto por los nervios que transmiten los sabores, entre otros tejidos. Todos trabajan juntos para que la lengua cumpla sus funciones.

Sistemas y aparatos

Un sistema está formado por varios órganos del mismo tipo que realizan la misma función.

Por ejemplo, el sistema óseo está formado por los huesos.

Un aparato está formado por órganos o por varios sistemas que trabajan de manera coordinada.

Por ejemplo, el aparato locomotor está formado por el sistema muscular y el sistema óseo. Ambos trabajan juntos para producir movimientos.

Los organismos

La unión de todos los aparatos y sistemas da lugar a un organismo, es decir, a un ser vivo completo. En los organismos pluricelulares podemos distinguir células, tejidos, órganos, sistemas y aparatos y el ser vivo completo. Mientras que en los seres vivos unicelulares, como las bacterias, se quedan en el primer nivel de organización, el celular.

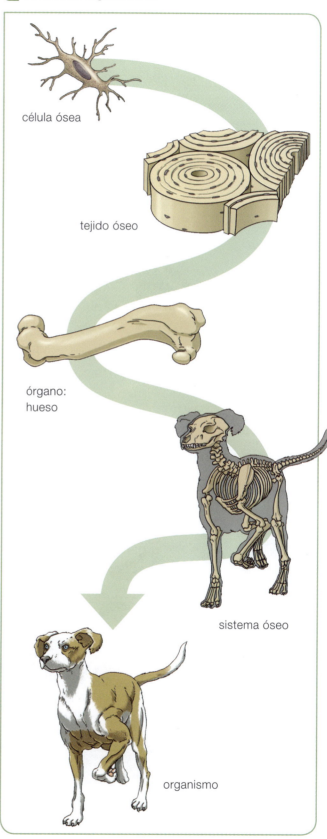

③ Niveles de organización.

célula ósea

tejido óseo

órgano: hueso

sistema óseo

organismo

Los tejidos

Los tejidos animales

En los animales podemos encontrar varios tipos de tejidos que realizan distintas funciones:

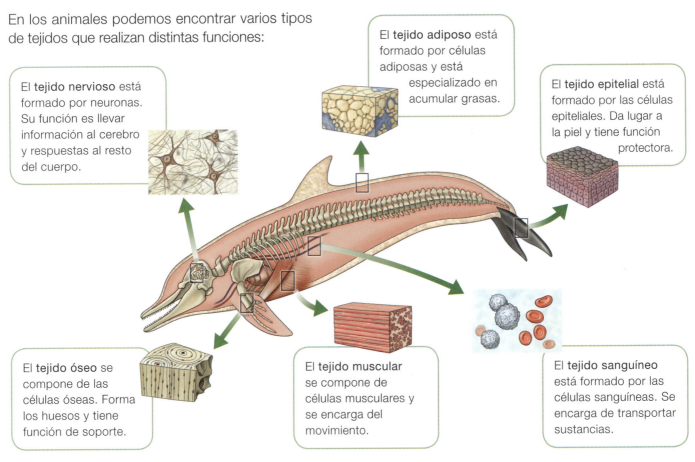

El **tejido nervioso** está formado por neuronas. Su función es llevar información al cerebro y respuestas al resto del cuerpo.

El **tejido adiposo** está formado por células adiposas y está especializado en acumular grasas.

El **tejido epitelial** está formado por las células epiteliales. Da lugar a la piel y tiene función protectora.

El **tejido óseo** se compone de las células óseas. Forma los huesos y tiene función de soporte.

El **tejido muscular** se compone de células musculares y se encarga del movimiento.

El **tejido sanguíneo** está formado por las células sanguíneas. Se encarga de transportar sustancias.

Los tejidos vegetales

En la rama de un árbol podemos encontrar casi todos los tipos de tejidos vegetales:

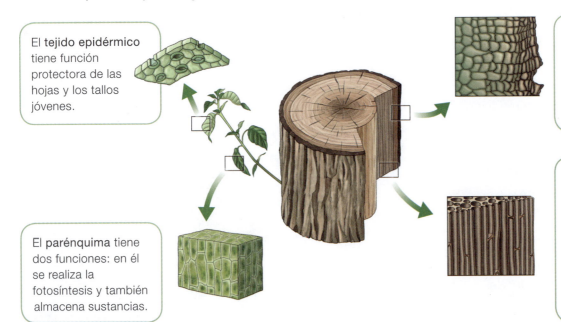

El **tejido epidérmico** tiene función protectora de las hojas y los tallos jóvenes.

El **súber** es la corteza, que se encuentra en los tallos y en las raíces viejas. Tiene función protectora.

El **parénquima** tiene dos funciones: en él se realiza la fotosíntesis y también almacena sustancias.

Los **tejidos conductores** se encuentran en el interior de los troncos, los tallos y los nervios de las hojas. Su función es transportar sustancias.

ACTIVIDADES DE REPASO

4

1 Contesta las siguientes preguntas.

- ¿Qué son las células?

  ....

- ¿Por qué decimos que están vivas?

  ....

- ¿Cuáles son las características comunes a todos los seres vivos?

  ....

- ¿Qué tres funciones realizan las células por el hecho de estar vivas?

  ....

2 Escribe las oraciones que se forman al unir las columnas.

La membrana… ■   ■ … es la parte que queda entre la membrana y el núcleo.

El núcleo… ■   ■ … están en el citoplasma y cada tipo tiene su función.

El citoplasma… ■   ■ … es la parte que controla el funcionamiento de la célula.

Los orgánulos… ■   ■ … es una cubierta que rodea la célula.

....

....

....

....

3 Indica la diferencia entre los seres vivos unicelulares y los pluricelulares. Justifica la respuesta relacionando tu explicación con las siguientes imágenes, indicando cuáles de ellas están tomadas con un microscopio.

....

....

....

....

ACTIVIDADES DE REPASO

4 Escribe que tipo de célula es cada una y señala sus partes.

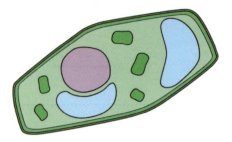

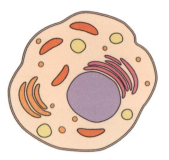

....

....

5 Subraya lo que es incorrecto en cada una de las frases y escríbelas correctamente.

- Las células son partes muy pequeñas que no tienen vida propia.

  ....

  ....

- La membrana celular es la parte que controla el correcto funcionamiento de la célula.

  ....

  ....

- Las células animales tienen unos orgánulos exclusivos llamados cloroplastos.

  ....

  ....

- Los orgánulos de las células se localizan dentro del núcleo.

  ....

  ....

- El núcleo constituye la mayor parte de la célula y contiene agua y numerosas sustancias disueltas.

  ....

  ....

- El citoplasma controla el correcto funcionamiento de la célula.

  ....

6 Observa el dibujo y explica si se trata de un tejido o de un órgano.

....

....

....

7 ¿Crees que un tejido está vivo? Explica tu respuesta.

....

....

8 Completa la tabla de las funciones de los tejidos animales en los mamíferos.

Tejidos animales	Función
Tejido epitelial	....
....	Se encarga de acumular grasas.
....	....
....	....
....	....

9 Escribe el nivel de organización al que pertenece cada una de estas imágenes en relación con una planta y numéralos del más simple al más complejo.

....

10 Observa el dibujo e indica cuántos tejidos vegetales reconoces en la sección de esta hoja.

....

....

....

5 La clasificación de los seres vivos

Los cinco reinos

¿Cómo se clasifican los seres vivos?

Los seres vivos se pueden clasificar de muchas maneras diferentes, pero la más habitual es clasificarlos en reinos. Los cinco reinos son: los animales, las plantas, los hongos, los protoctistas y las bacterias.

Los seres vivos que pertenecen a un mismo reino tienen características comunes y son diferentes de los que pertenecen a otros reinos.

Reino de los animales

Son pluricelulares, se alimentan de otros seres vivos y la mayoría de ellos se pueden desplazar.

Reino de las plantas

Son pluricelulares, fabrican su propio alimento y no se desplazan, pues están fijas al suelo.

Reino de los hongos

Los hay pluricelulares y unicelulares. Deben tomar su alimento del medio y no se desplazan.

Reino de los protoctistas

Incluye seres unicelulares y pluricelulares. Algunos, como las algas, pueden fabricar su alimento.

Reino de las bacterias

Son todas unicelulares. Algunas fabrican su propio alimento, otras lo toman del medio.

El reino de los animales

Los animales vertebrados

Los vertebrados tienen un esqueleto interno formado por huesos. Hay cinco grupos de vertebrados:

Los mamíferos
- Son vivíparos y amamantan a sus crías.
- Su piel está cubierta de pelo.
- Respiran por pulmones.
- La mayoría tiene patas.

Las aves
- Son ovíparas y cuidan a sus crías.
- Su piel está cubierta de plumas.
- Respiran por pulmones.
- Tienen dos alas y dos patas.

Los reptiles
- Son ovíparos.
- Su piel está cubierta de escamas.
- Respiran por pulmones.
- La mayoría tiene patas.

Los anfibios
- Son ovíparos.
- Respiran por branquias al nacer y por pulmones cuando son adultos.
- Los adultos tienen patas.

Los peces
- Son ovíparos.
- Su piel está cubierta de escamas.
- Respiran por branquias.
- Tienen aletas.

Los invertebrados

Los invertebrados no tienen un esqueleto de huesos y carecen de columna vertebral.

Las esponjas
Son acuáticas y viven fijas al fondo. Se alimentan de las sustancias nutritivas que lleva el agua de mar.

Las medusas
Tienen un cuerpo gelatinoso en forma de saco con tentáculos que usan para cazar.

Los gusanos
Su cuerpo es blando y alargado, y carecen de patas. Hay varios tipos diferentes de gusanos.

Los moluscos
Su cuerpo es blando y a menudo está protegido por una concha.

Los equinodermos
Tienen un esqueleto interno hecho de placas. Algunos están cubiertos de púas.

Los artrópodos
Tienen esqueleto externo y patas articuladas. Incluye el grupo de los insectos.

El reino de las plantas

Las plantas sin flores

Las plantas sin flores nunca producen flores y, por tanto, no tienen frutos ni semillas. Estas plantas se reproducen mediante **esporas**, que son unas células protegidas por una cubierta muy resistente. Si llegan al lugar adecuado pueden dar origen a nuevas plantas. Hay dos grupos principales de plantas sin flores: los musgos y los helechos.

Los musgos

Son unas plantas muy pequeñas que viven en lugares muy húmedos. Tienen unas hojas diminutas y un tallo sin vasos conductores.

Las esporas están dentro de una **cápsula**, que se forma en el extremo de un filamento que sale del tallo.

Los helechos

Viven en lugares húmedos. Abundan en las orillas de los ríos y en zonas húmedas y poco iluminadas. Tienen un tallo subterráneo del que salen las raíces y grandes hojas.

Las esporas de los helechos se forman en la parte posterior de sus hojas, en los **soros**.

Las plantas con flores

Son aquellas que tienen flores que producen **semillas**. Las semillas contienen una plantita en miniatura y sustancias alimenticias para ella. Las plantas no tienen flores todo el año, solo en alguna época. Hay dos grupos de plantas con flores: las gimnospermas y las angiospermas.

Las gimnospermas

Estas plantas tienen **flores** sencillas. No producen frutos, sino que sus semillas se forman en **piñas**.

Son árboles y arbustos, la mayoría de hoja perenne. Estas hojas suelen tener forma de aguja o de escama.

Las angiospermas

Tienen **flores** y producen **frutos** que contienen las semillas. Las flores pueden ser grandes y vistosas, como las rosas o las amapolas o pequeñas, como las de las encinas.

Pueden ser hierbas, arbustos o árboles, de hoja caduca o perenne.

ACTIVIDADES DE REPASO

5

1 Une las dos columnas.

Animales ■
Plantas ■
Hongos ■
Protoctistas ■
Bacterias ■

■ Unicelulares
■ Pluricelulares
■ Fabrican su alimento
■ Toman alimento del medio

2 Escribe en qué se parecen y en qué se diferencian los siguientes seres vivos:

Los animales y las plantas ▶ ....
....
....

Las plantas y los hongos ▶ ....
....
....

Las algas y las bacterias ▶ ....
....
....

3 ¿Es posible observar las bacterias a simple vista? ¿Por qué? Explica con qué instrumento se pueden ver.

....
....

4 Di qué seres vivos tienen las siguientes características y pon un ejemplo de cada uno.

■ Son pluricelulares, necesitan alimentos y no se pueden desplazar.

....

■ Son unicelulares, su célula es muy sencilla y algunos causan enfermedades.

....

■ Son pluricelulares, fabrican sus propios alimentos y viven bajo el agua.

....

■ Son pluricelulares, necesitan alimentos y se desplazan.

....

ACTIVIDADES DE REPASO

5 Haz un listado con los grupos de vertebrados y de invertebrados.

vertebrados ▶ ....

invertebrados ▶ ....

6 ¿En qué se diferencian los mamíferos y los reptiles?

....

....

....

7 ¿En qué dos grandes grupos se pueden clasificar los animales? ¿Qué diferencia existe entre estos grupos?

....

....

8 Escribe el grupo al que pertenecen los siguientes animales y explica por qué.

A ▶ ....

B ▶ ....

C ▶ ....

D ▶ ....

9 Marca con una X según proceda.

	Sin esqueleto	Con esqueleto		
		Externo	Interno	Columna vertebral
Lombriz				
Estrella de mar				
Gorrión				
Araña				

38

5

10 ¿Es correcto decir que los animales invertebrados no tienen esqueleto?
Justifica tu respuesta poniendo algún ejemplo.

....

....

11 Explica qué son las esporas y las semillas.

....

....

....

12 Describe en qué se parecen y en qué se diferencian las gimnospermas y las angiospermas.

....

....

....

13 Escribe el grupo al que pertenecen las plantas de las fotografías y explica por qué lo sabes.

A ▶ ....

B ▶ ....

C ▶ ....

D ▶ ....

14 ¿Qué relación existe entre las semillas, las flores y los frutos? Explica tu respuesta
con una planta que tenga esos tres elementos.

....

....

....

6 Los hongos y otros reinos

El reino de los hongos

Al igual que las plantas, los hongos no se desplazan y, como los animales, toman el alimento del medio.

La clasificación de los hongos

Los hongos se clasifican en dos grandes grupos: [1]

- **Unicelulares.** Por ejemplo, las levaduras.
- **Pluricelulares.** Dentro de estos hongos están los que producen **setas** para reproducirse, como el níscalo, y los **mohos**, como el moho del pan.

La alimentación de los hongos

Los hongos toman su alimento del medio.

- Muchos son **descomponedores**.
- Otros son **parásitos** y causan enfermedades.
- Un caso especial son los **líquenes**, que son la asociación entre un hongo y un alga. [2]

Los hongos con seta

Estos hongos están formados por una red de hilos llamada **micelio**, que se ocupa de absorber el alimento y dará origen a las **setas**. En las setas se producen las **esporas**, que generan nuevos hongos. [3]

La importancia de los hongos

Los hongos son beneficiosos para los ecosistemas porque descomponen los restos de otros seres vivos.

Algunos hongos resultan beneficiosos para nosotros, como las setas comestibles o las levaduras. Otros hongos resultan perjudiciales, como los mohos que deterioran los alimentos o los hongos parásitos.

[1] Diferentes tipos de hongos.
A. Levadura vista al microscopio.
B. Níscalo. C. Moho del pan.

[2] Los líquenes pueden vivir en lugares muy diversos.

[3] Proceso de formación de la seta y el micelio de un hongo.

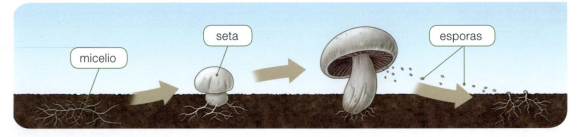

El reino de los protoctistas

El reino de los protoctistas incluye dos tipos de seres vivos muy diferentes: los protozoos y las algas.

Los protozoos

Las características más importantes que presentan los protozoos son las siguientes:

- Son organismos unicelulares, solo visibles con un microscopio. Su única célula es parecida a las que tienen los animales.
- Viven en medios acuáticos.
- Se alimentan de otros seres vivos. Algunos causan enfermedades a las personas, como la malaria.

Existe una gran variedad de protozoos que varían según su forma, la manera de desplazarse o la forma de alimentarse. 4

Las algas

Las algas pueden ser unicelulares y pluricelulares. Algunas algas pluricelulares llegan a alcanzar grandes tamaños. 5

Las algas presentan las siguientes características:

- Sus células son parecidas a las de las plantas.
- Viven en medios acuáticos.
- Son capaces de fabricar su propio alimento.

Las personas utilizamos las algas para usos muy diversos, como por ejemplo, para nuestra alimentación y para la elaboración de productos cosméticos.

Las algas se pueden clasificar en varios grupos. Los principales son los de las algas verdes, las pardas y las rojas. 6

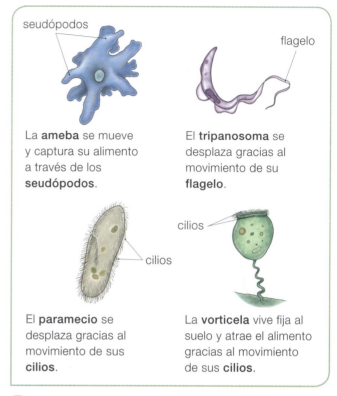

La **ameba** se mueve y captura su alimento a través de los **seudópodos**.

El **tripanosoma** se desplaza gracias al movimiento de su **flagelo**.

El **paramecio** se desplaza gracias al movimiento de sus **cilios**.

La **vorticela** vive fija al suelo y atrae el alimento gracias al movimiento de sus **cilios**.

4 Ejemplos de algunos de los protozoos más característicos.

 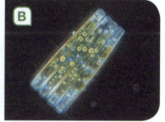

5 Dos ejemplos de algas. A. Kelp, un alga marina pluricelular. B. Diatomea, un alga unicelular vista con un microscopio.

6 Tipos de algas según su color. A. Alga verde. B. Alga parda. C. Alga roja.

41

El reino de las bacterias

Las bacterias son los seres vivos más sencillos que existen. Son unicelulares y su célula es más simple que las de los animales y las plantas.

Las características más importantes de las bacterias son:

- La única célula que la forma es la más pequeña y sencilla conocida. [1]
- Viven en todas las partes de nuestro planeta: en el suelo, en el aire, en el agua, en el interior de otros seres vivos… Las hay que habitan en lugares imposibles para otros organismos, como los surtidores de agua hirviendo que hay cerca de los volcanes.
- Algunas bacterias fabrican sus propios alimentos, mientras que otras tienen que conseguirlos de otros seres vivos.

La forma de las bacterias

Las bacterias pueden presentar formas muy diferentes. Las hay con forma esférica, alargada, de coma o en espiral. [2]

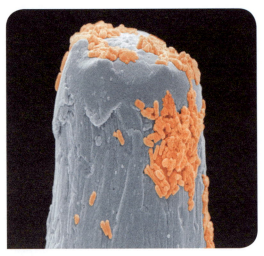

[1] **Las bacterias son muy pequeñas.** La fotografía se ha tomado con un microscopio electrónico y muestra un grupo de bacterias (en rojo) en el extremo de una aguja muy fina.

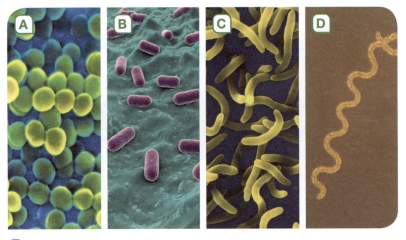

[2] Tipos de bacterias según su forma vistas con microscopio.
A. Coco. B. Bacilo. C. Vibrio. D. Espirilo.

Las bacterias y las personas

Las bacterias presentan diversos tipos de relaciones con las personas; entre ellas destacan las siguientes:

- Las que se emplean para fabricar derivados lácteos, como el yogur, o las que se usan en la producción de antibióticos.
- Las que pueden provocarnos enfermedades a nosotros y a otros seres vivos. Es el caso de las bacterias que producen diarrea, neumonía, cólera o faringitis.
- Las que viven en nuestro cuerpo, como la flora intestinal, que nos ayuda a realizar la digestión. A cambio, nosotros les ofrecemos alimento y un lugar para vivir.

SABER MÁS

El virus

Los virus son seres microscópicos que no se incluyen en ningún reino porque no se consideran auténticos seres vivos. Esto se debe a que solo pueden reproducirse dentro de algún organismo, al que causan enfermedades, como la gripe.

Aunque los virus no pueden desplazarse por sí mismos, se pueden transmitir por el aire o por contacto físico.

Para evitar algunas de las enfermedades causadas por los virus, nos vacunamos. Las vacunas preparan a nuestro cuerpo para que sus defensas eliminen el virus.

virus de la gripe

ACTIVIDADES DE REPASO

6

1 Indica cuáles son las semejanzas y las diferencias entre los hongos y los animales.
A continuación, haz lo mismo con los hongos y las plantas.

- Diferencias entre hongos y animales: ....
  ....
  ....

- Diferencias entre hongos y plantas: ....
  ....
  ....

2 ¿Qué aparece en la fotografía, un hongo o una seta? Explica tu respuesta.
....
....
....

3 ¿En qué se diferencian los dos grandes grupos de hongos pluricelulares?
....
....
....

4 Dibuja y describe en cuatro fases el proceso mediante el cual se reproducen los hongos con seta.

1 ▶ ....
2 ▶ ....
3 ▶ ....
4 ▶ ....

5 Describe los diferentes lugares donde pueden vivir los hongos.
....
....

43

ACTIVIDADES DE REPASO

6 Las siguientes imágenes representan dos tipos de hongos diferentes. Obsérvalas y contesta las preguntas.

- ¿A qué grupo pertenece cada uno de ellos?

  ....

- ¿Qué diferencias existen entre ellos?

  ....

- ¿Qué semejanzas?

  ....

7 Indica la función que realizan las siguientes estructuras:

seudópodos ▶ ....

cilios ▶ ....

flagelos ▶ ....

8 Observa las siguientes imágenes y responde las preguntas.

- ¿A qué reino pertenecen los seres vivos representados?

  ....

- ¿Qué semejanzas presentan esos organismos entre ellos?

  ....

- ¿En qué se diferencian? Explícalo.

  ....

  ....

  ....

9 ¿Qué relación existe entre las personas y los protozoos? Justifica si se trata de una relación beneficiosa o perjudicial.

  ....

  ....

10 ¿Cuáles son las características más importantes que presentan las bacterias?

....

....

....

11 Cuando una persona sufre diarrea, pierde mucha flora intestinal. Explica por qué se le recomienda comer yogur para recuperarla.

....

....

....

12 Un grupo de médicos va a utilizar los siguientes dibujos para elaborar un cartel.

- Describe qué representan.

....

....

- Piensa un título para el cartel.

....

....

- Indica alguna otra recomendación para completar este cartel.

....

....

13 Indica a qué reino pertenecen los siguientes organismos y explica por qué.

A ▶ ....

B ▶ ....

C ▶ ....

7 La energía y los cambios de la materia

Las formas de energía

Todas las transformaciones que experimenta la materia ocurren gracias a la energía.

Hay muchas formas de energía diferentes.

La energía mecánica

Los cuerpos que están en **movimiento** y los **objetos elásticos** tienen energía mecánica. También los cuerpos que están en una **posición elevada**, pues se pueden poner en movimiento por la gravedad. [1]

[1] Cuando tiramos de la cuerda, el arco almacena energía mecánica. Se debe a que el arco es elástico.

La energía química

La energía química es la que tienen ciertas sustancias. Por ejemplo, los **alimentos** que hacen que funcione nuestro cuerpo, los **combustibles** que se emplean en un motor o las **pilas**, que contienen unas sustancias cuya energía química se transforma fácilmente en energía eléctrica.

La energía eléctrica

La energía eléctrica es la que se manifiesta en algunos fenómenos, como los rayos. Es la misma energía que nos proporciona la corriente eléctrica, la cual se obtiene a partir de otras formas de energía en las **centrales eléctricas**.

La energía luminosa

La energía luminosa es la que tiene la luz. Un uso muy importante de esta energía es su transformación en energía eléctrica en las **células fotoeléctricas**. [2]

[2] Satélite artificial Artemis. Este satélite consigue su electricidad gracias a las células fotoeléctricas de sus dos grandes placas solares.

La energía térmica o calorífica

La energía térmica o calorífica es la que pasa de un cuerpo que está más caliente a otro que está más frío. Cuanto mayor es la temperatura que tiene un cuerpo, mayor es su energía térmica; a más cantidad de materia, más energía térmica.

La energía nuclear

La energía nuclear es la que poseen los **combustibles nucleares**, los cuales generan mucha energía. Su principal uso es la obtención de energía eléctrica en las **centrales nucleares**.

Las mezclas y su separación

Sustancias puras y mezclas

La materia se presenta de muchas formas diferentes, que llamamos sustancias. Distinguimos dos clases de sustancias:

- Las **sustancias puras** están formadas por un solo tipo de materia. La sal o los minerales son sustancias puras. [3]
- Las **mezclas** están formadas por varias sustancias puras diferentes. La mayoría de las sustancias que nos rodean son mezclas. Por ejemplo, el agua que bebemos es una mezcla, pues contiene pequeñas cantidades de sales y de gases.

[3] El oro es una sustancia pura.

Tipos de mezclas

Podemos diferenciar dos tipos principales de mezclas:

- **Mezclas heterogéneas.** Son aquellas en las que se pueden distinguir sus componentes, como una sopa de fideos. [4]
- **Mezclas homogéneas o disoluciones.** Son aquellas en las que no se distinguen sus componentes, como el agua de mar. [5]

Un tipo especial de mezclas son las **aleaciones**. Son mezclas homogéneas en las que al menos una sustancia es un metal. Por ejemplo, el acero es una aleación de hierro y carbono y es mucho más resistente que el hierro puro.

[4] El granito es una mezcla heterogénea.

[5] El agua del mar es una mezcla homogénea.

Separación de mezclas

Existen distintos métodos que se pueden emplear para separar mezclas. Algunos de ellos son los siguientes:

Filtración. Sirve para separar mezclas heterogéneas formadas por un sólido y un líquido o por dos sólidos con distinto tamaño. Se realiza utilizando filtros.

Evaporación. Se utiliza para separar mezclas homogéneas formadas por un sólido y un líquido. Se evapora el componente líquido. Se emplea en las salinas.

Destilación. Es un tipo de evaporación en la que el vapor se recoge y se condensa. Sirve para separar disoluciones de sólidos en líquidos y de líquidos con distintas temperaturas de ebullición.

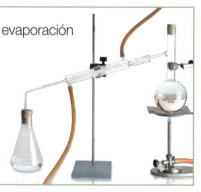

Decantación. Se utiliza para separar mezclas heterogéneas de sustancias con distinta densidad. Para ello se usan los embudos de decantación.

Los efectos del calor sobre la materia

Los cambios de estado

Normalmente, los cambios de estado se producen cuando un cuerpo recibe o pierde calor.

Los cambios de estado son:

- **Fusión.** Es el cambio del estado sólido al líquido de un cuerpo cuando recibe calor. Incluso el acero o los minerales se funden si su temperatura aumenta lo suficiente. [1]
- **Solidificación.** Es el paso de líquido a sólido de un cuerpo cuando pierde calor. Se produce, por ejemplo, cuando en el congelador el agua se transforma en hielo.
- **Vaporización.** Es el paso del estado líquido al estado gaseoso de un cuerpo. Puede ocurrir de dos formas:
  - **Evaporación.** Se produce a cualquier temperatura y lentamente. Por ejemplo, si dejamos destapado un frasco de colonia, con el tiempo, la colonia se evapora.
  - **Ebullición.** Ocurre de una forma rápida cuando un cuerpo recibe calor y alcanza una cierta temperatura.
- **Condensación.** Es el paso de gas a líquido. Ocurre, por ejemplo, cuando el vapor de agua del baño se condensa en el espejo, que se empaña. [2]
- **Sublimación.** Es el paso del estado sólido al estado gaseoso directamente, sin pasar por líquido. [3]

[1] **Río de lava.** La lava es roca fundida que se encuentra a unos 1.000 °C.

[2] **Rocío.** Cuando el vapor de agua de la atmósfera se condensa, se forman gotas.

Las temperaturas de fusión y ebullición

Cada sustancia pura pasa de sólido a líquido a una temperatura fija, su **temperatura de fusión**. La temperatura de fusión del agua es de 0 °C, mientras que la del oro es de 1.064 °C.

La **temperatura de ebullición** es la temperatura a la que una sustancia pasa del estado líquido al estado gaseoso. La temperatura de ebullición del agua es de 100 °C, mientras que la del alcohol es de 78 °C.

El calor y los cambios de volumen

La **dilatación** es el aumento de volumen que ocurre en los cuerpos cuando aumenta su temperatura. Por el contrario, cuando disminuye la temperatura, el volumen de los cuerpos disminuye. A esto se le llama **contracción**.

Es el motivo por el que las puertas, sobre todo las metálicas, se atascan en verano y son más fáciles de abrir y cerrar en invierno.

En general, los cuerpos sólidos se dilatan y se contraen menos que los líquidos, y los líquidos, menos que los gases.

[3] **Sublimación del yodo.** El yodo pasa de sólido a gas en la base, que está caliente y en la tapa que se enfría con un hielo, pasa a sólido.

Las reacciones químicas

Qué son las reacciones químicas

Las reacciones químicas son cambios de la materia en los que unas sustancias se transforman en otras. [4]

En un cambio de estado, las sustancias siguen siendo las mismas. Sin embargo, en una reacción química hay unas sustancias iniciales y al final del proceso aparecen otras sustancias distintas.

[4] Cuando arde un papel, se produce una reacción química. El papel se transforma en humo y cenizas.

Los tipos de reacciones químicas

Existen multitud de cambios químicos. Algunos ejemplos son la oxidación, la combustión y la fermentación.

- La **oxidación** se produce cuando una sustancia se transforma en otra al combinarse con el oxígeno. El hierro de una llave, por ejemplo, se transforma en óxido de hierro. También se oxidan muchas otras sustancias, como el aluminio o el cromo. [5]

- La **combustión** es un tipo especial de oxidación que ocurre muy rápidamente. En ella, una sustancia, el combustible, se combina con oxígeno. Se produce una **llama** y, normalmente, se genera dióxido de carbono.

- Las **fermentaciones** son un tipo de reacciones que ocurren en los seres vivos. Algunas se emplean para producir el **yogur**, el **vino** o el **vinagre**.

[5] Oxidación del hierro. Cuando se oxida, el hierro se transforma en óxido de hierro.

La importancia de las reacciones químicas

Las reacciones químicas ocupan un lugar muy importante en nuestras vidas. Por ejemplo, las reacciones de combustión que ocurren en los motores de los vehículos sirven para transportarnos y las que ocurren en las centrales eléctricas térmicas se emplean para producir electricidad. [6]

Al cocinar ocurren reacciones químicas en los alimentos que modifican su sabor y hacen más fácil su digestión.

En la industria alimentaria se producen las fermentaciones gracias a las cuales obtenemos el yogur o el pan.

En el interior de los seres vivos suceden multitud de reacciones químicas, como las que sirven para obtener energía.

[6] Objetos de plástico. La mayoría de los plásticos se obtienen a partir del petróleo.

ACTIVIDADES DE REPASO

1 Cita una situación en la que intervenga cada una de las formas de energía.

....

....

....

....

2 En estas fotografías puedes ver manifestaciones de distintas formas de energía.
¿Cuáles son?

A ▶ ....

B ▶ ....

C ▶ ....

3 ¿Qué tipo de energía tienen los vagones que se desplazan en una montaña rusa?
Explica tu respuesta.

....

....

4 ¿Qué tipo de energía emplea la calculadora de la fotografía para funcionar?
Explica tu respuesta.

....

....

....

5 ¿Cuál de las dos pelotas tiene más energía mecánica?
Explica tu respuesta.

....

....

....

6 Explica por qué un automóvil sin gasolina no puede funcionar.

....

....

7 Define sustancia pura, mezcla heterogénea, mezcla homogénea y aleación.

....

....

....

....

8 ¿Qué método de separación emplearías si tuvieras una sopa y quisieras retirar los fideos? ¿Y si tuvieras una mezcla de arena y piedrecillas?

....

....

9 Di cuál de las fotos representa un mineral y cuál una roca y explica por qué lo sabes.

A ▶ ....

....

B ▶ ....

....

10 ¿Cuáles de las siguientes mezclas son disoluciones?

A ▶ ....

B ▶ ....

C ▶ ....

D ▶ ....

11 Explica en qué se parecen y en qué se diferencian la evaporación y la destilación.

....

....

ACTIVIDADES DE REPASO

12 ¿Qué cambios de estado se producen cuando los cuerpos reciben calor?
¿Y cuando lo pierden?

....

....

13 Contesta:

- ¿En qué consiste la vaporización?

....

- ¿Qué tipos de vaporización hay?

....

- ¿Cuáles son sus diferencias?

....

14 Explica con un ejemplo qué es la temperatura de fusión.

....

....

15 Di los cambios de estado que se reflejan en los siguientes
dibujos y explica tu respuesta.

A ▶ ....

....

....

B ▶ ....

....

....

16 Indica los cambios de estado que se producen en los siguientes casos:

- Desde que se pone una cacerola llena de hielo en la cocina hasta que
la cacerola queda vacía.

....

- Cuando se forman primero rocío y luego escarcha.

....

17 Explica en qué se parecen las oxidaciones y las combustiones.

....

....

18 La fotografía muestra lo que ocurre cuando echamos una cucharada de bicarbonato en un vaso con vinagre: se produce dióxido de carbono, que forma burbujas. ¿Crees que ha ocurrido una reacción química? Explica por qué.

....

....

....

19 Responde las preguntas:

- ¿Qué son las combustiones?

....

- ¿Por qué son reacciones químicas?

....

- ¿Por qué resultan útiles?

....

- ¿Pueden ser perjudiciales?

....

20 Explica qué es una reacción química e indica un ejemplo.

....

....

21 ¿Qué son las fermentaciones? ¿Por qué son útiles las fermentaciones?

....

....

22 Muchas de las sustancias que se subliman, como la naftalina, son olorosas. ¿A qué crees que se debe?

....

....

8 La electricidad y el magnetismo

Las cargas eléctricas

Cuando se frota un bolígrafo con un jersey de lana y se acerca a pequeños trocitos de papel, el bolígrafo los atrae. Esto ocurre porque, al ser frotados, los cuerpos adquieren capacidad de atraer objetos. El bolígrafo se ha electrizado, es decir, ha adquirido **carga eléctrica**.

La carga eléctrica es una propiedad de la materia.

Tipos de cargas eléctricas

Un cuerpo puede adquirir dos tipos de cargas eléctricas opuestas: **carga positiva** o **carga negativa**.

La mayoría de los objetos tienen la misma cantidad de cargas positivas y negativas; son eléctricamente **neutros**.

Pero las cargas negativas pueden pasar de un cuerpo a otro con el rozamiento. Por ejemplo, cuando se frota el bolígrafo contra el jersey, pasan cargas negativas del jersey al bolígrafo, de manera que:

- El bolígrafo se queda con más cargas negativas que positivas; queda **cargado negativamente**.

- Sin embargo, el jersey se queda con más cargas positivas que negativas, es decir, queda **cargado positivamente**. [1]

La relación entre cargas eléctricas

Si dos cuerpos que se aproximan están cargados con el mismo tipo de carga, se repelen. Por el contrario, si las cargas son de distinto tipo, se atraen. [2]

1. El bolígrafo y el jersey tienen el mismo número de cargas positivas y negativas.

2. Al frotar el bolígrafo contra el jersey pasan cargas negativas del jersey al bolígrafo.

3. El bolígrafo queda cargado negativamente mientras que el jersey lo hace positivamente.

[1] Intercambio de cargas eléctricas.

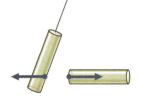

Si acercamos dos varillas de ámbar electrizadas, ambas positivamente, se repelen.

Si acercamos dos varillas de vidrio electrizadas, ambas negativamente, se repelen.

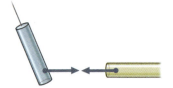

Si acercamos dos varillas electrizadas, una de ámbar y otra de vidrio, se atraen.

[2] Atracción y repulsión de objetos cargados eléctricamente.

El magnetismo

Un imán es un objeto capaz de atraer a otros objetos metálicos, principalmente, a los fabricados con hierro. Esta propiedad se llama **magnetismo**.

En la naturaleza se encuentra un mineral llamado magnetita que es un **imán natural**. Sin embargo, en su lugar se usan **imanes artificiales** hechos de otros materiales.

Un imán tiene zonas donde el magnetismo es más intenso, son los llamados **polos**. Todos los imanes tienen dos polos magnéticos, el **polo norte** (N) y el **polo sur** (S). Estos dos polos no se pueden separar. Si se parte un imán, cada uno de los trozos será un pequeño imán con sus dos polos. ③

3 Los polos de los imanes son inseparables. Es imposible conseguir un imán con un solo polo.

Algunos objetos que no son magnéticos pueden serlo cuando se frotan con un imán. Se dice que esos objetos son magnetizables, y el proceso se llama **imantación**.

Fuerzas magnéticas

Los imanes son capaces de ejercer distintas fuerzas. Estas son las **fuerzas magnéticas**, que pueden actuar a distancia y que pueden ser de atracción o de repulsión.

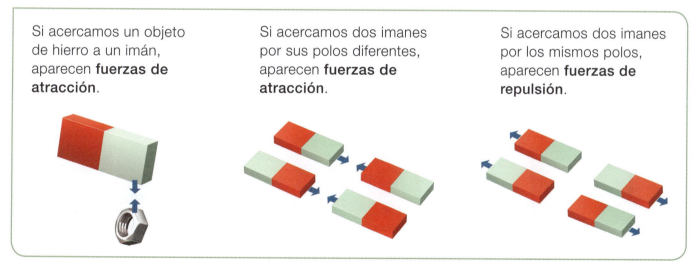

Si acercamos un objeto de hierro a un imán, aparecen **fuerzas de atracción**.

Si acercamos dos imanes por sus polos diferentes, aparecen **fuerzas de atracción**.

Si acercamos dos imanes por los mismos polos, aparecen **fuerzas de repulsión**.

El magnetismo terrestre

El planeta Tierra actúa como si fuera un imán gigantesco. El polo sur magnético de este imán se situaría cerca del polo norte del planeta y el polo norte magnético se encontraría cerca del polo sur terrestre. ④

El magnetismo terrestre se aprovecha gracias a la **brújula**. Una brújula es una aguja imantada que está montada sobre un eje para que pueda girar fácilmente. De este modo, el polo norte de la brújula apunta al polo sur magnético -polo norte terrestre- y el polo sur de la brújula apunta al polo sur geográfico.

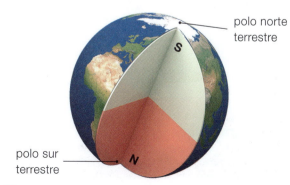

4 La Tierra se comporta como si fuera un imán gigantesco. Los polos magnéticos se encuentran cerca de los polos norte y sur terrestres.

55

La corriente eléctrica

Cuando se ponen en contacto dos cuerpos con distinta cantidad o distinto tipo de carga eléctrica a través de un cable metálico, la carga pasa de un cuerpo a otro.

La **corriente eléctrica** es el movimiento de las cargas eléctricas a través de un material.

Según como conducen la electricidad los materiales son:

- **Los materiales conductores.** Son los que conducen bien la corriente eléctrica. Un ejemplo de buenos conductores son los metales.
- **Los materiales aislantes.** Son los que no conducen bien la corriente eléctrica. Algunos aislantes son la madera, el plástico o el cristal.

Estos dos tipos de materiales se utilizan conjuntamente para la fabricación de objetos eléctricos. [1]

[1] Los cables tienen cobre en el interior y plástico en el exterior.

La corriente eléctrica y el magnetismo

Electricidad y magnetismo están estrechamente relacionados.

Esto se aprovecha en los **electroimanes**. Un electroimán consiste en una barra de hierro alrededor de la cual se enrolla un cable conductor. Cuando pasa la corriente por el cable, la barra de hierro se convierte en un imán.

Por otra parte, cuando un imán se mueve cerca de un cable, en el cable se produce una corriente eléctrica. Este fenómeno se emplea en los **alternadores** para conseguir una corriente eléctrica.

Los efectos de la corriente eléctrica

La corriente eléctrica puede producir diversos efectos:

Efecto calorífico. Cuando la corriente eléctrica pasa por un conductor, este se calienta.

Efecto luminoso. La corriente eléctrica puede producir luz, como sucede en una pantalla.

Efecto sonoro. La corriente eléctrica se transforma en sonido en los altavoces.

Efecto magnético. Es la capacidad que posee la corriente eléctrica de generar magnetismo.

Efecto mecánico. En los motores eléctricos la corriente eléctrica se utiliza para producir movimiento.

Efecto químico. La electricidad puede provocar cambios químicos. Este efecto se usa en las baterías.

Los circuitos eléctricos

Los componentes de los circuitos eléctricos

Un **circuito eléctrico** es un conjunto de componentes unidos adecuadamente que permiten generar, distribuir y aprovechar la corriente eléctrica.

Los componentes que forman los circuitos eléctricos son:

El **generador** produce la energía eléctrica. Tiene dos polos; las cargas salen por uno de ellos y entran por el otro. De este modo, se crea la corriente.

Los **cables** transportan la corriente eléctrica desde el generador a los demás componentes del circuito.

El **interruptor** permite cortar o restablecer la corriente eléctrica.

Los **receptores**, como bombillas, calefactores, ventiladores, etc., reciben la corriente eléctrica y la transforman en luz, calor, movimiento...

Los generadores

Existen varios tipos de generadores. Cada tipo produce la energía eléctrica a partir de diferentes fuentes.

- **Pilas y baterías.** Producen energía eléctrica a partir de la energía química de las sustancias en su interior.
- **Células o paneles fotovoltaicos.** Transforman la luz en energía eléctrica, como los paneles en las azoteas. [2]
- **Alternadores.** Se usan diversas fuentes de energía para hacer girar grandes imanes y producir electricidad.

[2] Los paneles fotovoltaicos situados en los tejados de las casas producen energía eléctrica a partir de la luz

Representación gráfica de los circuitos eléctricos

La representación de los circuitos eléctricos nos permite entender la relación entre sus componentes. [3]

Para que circule la corriente eléctrica el circuito debe permanecer cerrado, es decir, con todos los componentes conectados entre sí y con el interruptor cerrado.

[3] Representación gráfica de un circuito eléctrico.

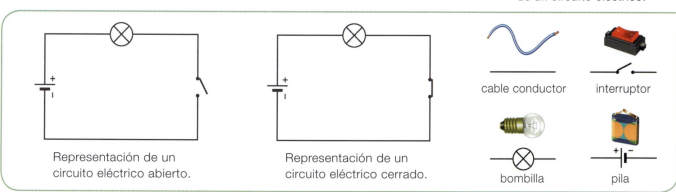

Representación de un circuito eléctrico abierto.

Representación de un circuito eléctrico cerrado.

cable conductor — interruptor

bombilla — pila

ACTIVIDADES DE REPASO

1 **Contesta las siguientes preguntas.**

- ¿Qué es la carga eléctrica?

....

- ¿Qué tipos de cargas eléctricas existen?

....

- ¿Tiene carga un cuerpo eléctricamente neutro?

....

2 **Los siguientes cuerpos ¿se atraen o se repelen?**

a) Los dos cuerpos tienen carga positiva. ▶ ....

b) Los dos cuerpos tienen carga negativa. ▶ ....

c) Un cuerpo tiene carga positiva, y el otro, carga negativa. ▶ ....

3 **Lee la descripción de esta experiencia y responde la pregunta.**

Cortamos dos tiras de cinta adhesiva de 15 cm de largo y las pegamos a una mesa. A continuación, tiramos con fuerza de ambas tiras. Al acercarlas, notamos que se rechazan.

- Explica qué ha sucedido desde el punto de vista eléctrico.

....

....

....

4 **El electroscopio es un sencillo aparato que permite conocer si un objeto está cargado eléctricamente o se encuentra en estado neutro.**

Si acercas a la bola de aluminio un objeto cargado eléctricamente, sus cargas se transmiten por el alambre hasta las tiras de papel de aluminio y estas se separan.

- ¿Por qué razón se separan las dos tiras de papel de aluminio?

....

- ¿Qué ocurriría con las tiras de aluminio si el objeto fuera neutro? ¿Por qué?

....

- ¿Funcionaría correctamente si se sustituye el alambre por otro objeto de plástico?

....

8

5 Explica con tus propias palabras qué es el magnetismo.

....

....

....

6 Colorea los polos de los imanes que faltan para que sea cierto el dibujo.

A

B

7 Explica qué es una brújula y cómo funciona.

....

....

....

8 Explica qué relación existe entre los polos magnéticos de la Tierra y los geográficos.

....

....

....

9 Explica lo que se ve en la fotografía teniendo en
cuenta lo que has aprendido en esta unidad.

....

....

....

....

10 ¿Qué es necesario para que circule la corriente eléctrica?

....

....

11 ¿Qué significa que un material es conductor de la electricidad? Pon un ejemplo.

....

....

ACTIVIDADES DE REPASO

12 ¿Por qué se dice que el plástico es un material aislante? Pon un ejemplo del uso que se le da a este material en relación con esta propiedad.

....

....

13 Escribe qué efecto de la corriente eléctrica se aprovecha en cada caso.

A ▶ ....

B ▶ ....

C ▶ ....

D ▶ ....

14 Define los siguientes términos.

generador ▶ ....

....

cable ▶ ....

....

receptor ▶ ....

....

interruptor ▶ ....

....

15 La electricidad y el magnetismo están relacionados. Indica cómo se aprovecha esta relación en los electroimanes y en los generadores.

....

....

16 Cuando enciendes una linterna, ¿qué componentes de un circuito eléctrico participan en su funcionamiento? Explica la función que realiza cada uno.

....

....

....

17 Observa cómo se representan gráficamente otros componentes de los circuitos eléctricos y realiza la actividad.

- Representa gráficamente un circuito eléctrico que funcione mediante una batería y en el que se ponga en marcha un timbre apretando un pulsador.

batería   pulsador   timbre

18 Además de los interruptores, existe otro tipo de componente que permite abrir y cerrar los circuitos eléctricos. Se trata del pulsador, que se utiliza, por ejemplo, para llamar al timbre. ¿Qué diferencia existe entre un pulsador y un interruptor?
Pon algún otro ejemplo en el que se utilice un pulsador en lugar de un interruptor para controlar un circuito eléctrico.

....

....

19 **EDUCACIÓN CÍVICA.** Lee el siguiente texto y contesta las preguntas.

La mayoría de pilas contienen en su interior sustancias muy contaminantes, como mercurio o cadmio. Si se tiran a la basura, al desgastarse la carcasa que las recubre su contenido se vierte y puede contaminar el suelo o el agua.

Para evitarlo, las pilas gastadas se deben depositar en los contenedores apropiados. Una vez en ellos, se recogen y se llevan a plantas de reciclaje donde estos compuestos tóxicos se extraen para su reutilización.

- Escribe las razones que darías a alguien para convencerle de que es importante tirar las pilas gastadas en el contenedor apropiado.

....

....

....

....

Dirección de arte: José Crespo.

Proyecto gráfico: Pep Carrió.
Fotografía de portada: Leila Méndez.

Jefa de proyecto: Rosa Marín.
Coordinación de ilustración: Carlos Aguilera.
Jefe de desarrollo de proyecto: Javier Tejeda.
Desarrollo gráfico: Raúl de Andrés y Jorge Gómez.

Dirección técnica: Jorge Mira.
Subdirección técnica: José Luis Verdasco.

Coordinación técnica: Raquel Carrasco y Lourdes Román.
Confección y montaje: Lydia Molina.
Corrección: María F. G. Llamas.
Documentación y selección fotográfica: Marilé Rodrigálvarez.

Fotografía: C. Jiménez/photoAlquimia; I. Sabater; J. C. Muñoz/'Instituto Geológico y Minero de España'; J. Jaime; J. M.ª Barres; J. M.ª Escudero; L. M. Iglesias; M. San Félix; P. Esgueva; S. Padura; A. G. E. FOTOSTOCK/Marevision, A. Jagel, CNRI, Dennis Kunkel, Science Photo Library, FAY DARLING/PAUL E HA, Biophoto Associates, Gregory G Dimijian, James Cavallini, Michael Abbey, BSIP; GARCÍA-PELAYO/JUANCHO; GETTY IMAGES SALES SPAIN/Photos.com Plus, Thinkstock; I. PREYSLER; ISTOCKPHOTO/Getty Images Sales Spain; J. M.ª BARRES; LOBO PRODUCCIONES/C. SANZ; MELBA AGENCY; Asociación Española contra el Cáncer; C. Brito/J. Núñez; CREATIVE LABS; Dra. Mercedes Durfort Coll; ESA/AGENCIA ESPACIAL EUROPEA/J. Huart; SERIDEC PHOTOIMAGENES CD; ARCHIVO SANTILLANA

© 2015 by Santillana Educación, S. L.

Avenida de los Artesanos, 6
28760 Tres Cantos, Madrid

Printed in Spain

ISBN: 978-84-680-2997-9
CP: 436217
Depósito legal: M-19167-2015

Cualquier forma de reproducción, distribución, comunicación pública o transformación de esta obra solo puede ser realizada con la autorización de sus titulares, salvo excepción prevista por la ley. Diríjase a CEDRO (Centro Español de Derechos Reprográficos, www.cedro.org) si necesita fotocopiar o escanear algún fragmento de esta obra.